101 gritos del alma

❀

Eduardo Radrigan

www.cbhbooks.com

Editor: F. P. Sanfiel
Managing Editor: Manuel Alemán
Designer: Tina Conti

Published in the United States by CBH Books.
CBH Books is a division of Cambridge BrickHouse, Inc.

Cambridge BrickHouse, Inc.
60 Island Street
Lawrence, MA 01840
U.S.A.

Library of Congress Catalog Number: 2015944632
ISBN 978-1-59835-456-0
First Edition
Printed in USA
10 9 8 7 6 5 4 3 2 1

101 gritos del alma

✿

Eduardo Radrigan

Dedico 101 gritos del alma
a todas las personas sensibles del mundo;
a todas aquellas personas que sienten profundo,
que sienten muy adentro.

Índice

Encuentros

✹

Encuentros cercanos,
espacios intensos;
un solo sonido
transmite silencio.

Son rocas famosas
de rica figura;
renace el ayer
mejores momentos.

Irradia presente,
promete futuro;
renuevan la tierra,
poderes internos.

Todo se mueve,
montañas y mares;
avanza adelante
a quórum inmenso.

Llegar es la meta
entre tanta locura;
que sin estar cuerdo
respira blancura.

Segundos

✳

Cada segundo
de tiempo inventado
refleja las caras
de un espejo olvidado.

Afloran palabras
de interpretación pausada;
de simple estructura
y profunda figura.

Se siente la música
de armonía perfecta;
es clave segura
de feliz momento.

Senderos del alma

Ojos tardíos y luminosos;
apariciones prendidas
en los campos tendidos
sobre faldas de monumentos
impetuosos.

Ruedan por senderos impensados
sentimientos cautivos
de palabras interesadas.

Colores que iluminan
pensamientos furtivos
atrapan a gotas
el sabor de existir.

Puertas abiertas al tiempo
de muchas promesas que dejan de ser
respuestas de muchos misterios
que cantan a coro
la forma de ver.

Conjuntos de poderes intensos
rebelan costumbres
y quisiera entender
idiomas con cambios abruptos,
con ritmos abiertos
y un afán de aprender.

Se ampara en grandezas silentes
torrentes de letras
cuando pudo ser.

Otroras ventanas ardientes
con vistas hermosas
y futuro placer.

Poderosos caminos

✳

Poderosos caminos
de distancias impensadas
cubiertos de orgullos y tentaciones,
con sustento, sin respuesta,
solo silencio estructurado.

No traspasan pensamientos
de recepción interrumpida;
demasiado estudiada
para dudas repartidas.

Deseos fantasiosos
doblegan la rudeza;
dirección obligada
de llamada a la simpleza.

Dubitativas decisiones
retardan lo aludido;
despertares de múltiples razones
regresan lo aprendido.

Caminos del alma

❊

Caminos del alma
interminables
y misteriosos,
sin huellas
ni palabras,
solo el sello de la calma,
solo el recuerdo
de una simple mirada.

Ríos eternos,
completos
y en llamas
dirigen cada paso
a un océano renacido
de grandiosa llegada.

Luz

✸

Luz radiante
como sol ardiente
cobijas los sueños
como brasa ardiente.

No es de día, no es de noche;
no existe el tiempo
ni quién reproche.

Me acerco a ti
pero no te encuentro;
busco tu aroma
y no lo siento.

¿Dónde estás?
Un grito al cielo,
solo un susurro
¿o es solo el viento?

Escala

✳

Eran nubes y nubarrones
que subían, que bajaban;
incluso cantaban
con sus propias notas;
gotas de agua pura
que poco a poco cubrían
cuerpos, campos e immensidades.

Tocando como una
escala musical interminable
la promesa perdida,
la respuesta perfecta,
los ojos de cielo,
la sonrisa y su pelo.

Atracción

❋

Piel de madre
que enalteces toda el alma;
piel de amiga
que si traes toda calma.

Piel de mesa
ya se sabe la grandeza;
la energía se contrae
un tiempo poco
y muy cerca
ya se expande.

Elementos
ya son muchos;
se perciben las señales
que se atraen
punto a punto
por el tiempo indefinido
que cruza espacios
sin descanso,
porque es cierto,
las vías de esta suerte
es infinita.

Grito

❀

Como un grito desgarrado
que quiere nacer a tiempo;
hablan los ojos tristes
de otros momentos de gozo.

Es más fuerte la cordura
y ese pensar sensato;
que dejar salir al mundo
los instintos
y otros brazos.

Como cambia la esperanza
y quién busca tu destino;
no se encuentran
las palabras
que iluminan la mirada.

Tú

❀

Tú que leías en mis ojos
cada color despierto;
cada letra inmaginable,
cada palabra entonces.

Hoy que temes las señales
con que buscas un camino;
hoy que miras
y no encuentras tu destino.

Sueña en velos
que humedecen tu mirada;
campo eterno,
no hay senderos,
campo abierto,
no hay promesas;
es solo el viento
que enternece tu silueta.

Murmullo claro,
verdad absoluta;
un canto alegre
ilumina la alborada.

Esperanza

✳

Por esos cielos que iluminan la esperanza
conectando canales de bravura;
que dejaron en algún momento
derramar las entrañas
de una gran herida.

Pero pudo más la cordura
que el lamento;
como grito al viento
que busca un eco;
que entienda las palabras
que no se dicen, pero se escuchan;
que no se escuchan, pero se sienten;
que se sienten, pero se callan.

Buscas suavidad en la tierra
y solo rocas saludan esas
manos de princesa que
espera el trono prometido.

Pero a quién le importa
si a cada paso herido
que camina, casi escucha
un saludo con palabras
en languaje de nuevo amanecer.

Sombras

✱

Sombras de memoria incierta,
caminos de lava estacionaria;
vientos de brava armonía
cavan profundo
en venas abiertas
que no duelen
porque entienden;
entienden la suerte,
entienden la mente;
sabiduría pura
en primera etapa.

Es largo el camino
a paso lento;
respira lo bueno
a paso claro.

Se vuelve muy cierto,
penumbras reales;
se vuelven siluetas
que suben peldaños
de escalas cubiertas.

Lo mismo es de oro
que de solo estaño;
valioso de a mares
es el pensamiento.

Universos

✴

Universos paralelos
envían las señales
de una curiosa hada;
pero puede más el tiempo
que una sola mirada.

Busca a ciegas
la ternura
necesaria para el fuego
que mantiene
una llama.

Llama eterna,
así la llaman;
pero es cierto
que quien la habita,
también sufre
por su amada.

Gotas de esperanza

Emana en pequeñas
gotas de esperanza;
sin sentir se entrega,
y con rabia,
trata de encontrar
la energética claridad
que llega en cada rayo;
rayo de placer cándido,
rayo de canto agudo,
rayo que envuelve el alma,
en cada espacio
que cedes,
se desgarra el encanto;
cada contacto puro
escribe una frase
de palabras invisibles
en un mundo
que puede ser imaginario
para extraños;
pero no se detiene
porque la respuesta
está en lo impredecible
de las huellas
de colores vivos,
vivos en dimensión propia,
con una idea clara
de factura perfecta.

Alzo una mano

✳

Alzo una mano amiga;
lanzo un racimo
de definiciones
y entiendo el mundo
con sus propios andares;
como un libro
que abre sus alas
para mostrar secretos
que comparten
promesas, su mesa
y su abrigo.

Elegimos la distancia,
los caminos se acercan,
se cruzan y saludan;
y aquí estamos
presentes y listos para disparar
la palabra precisa
en el momento justo;
para soltar una carcajada
que nos haga olvidar
quizás un problema diario,
un tropiezo
o una jugada errada.

Qué importa,
o acaso no vinimos a este mundo a caminar;
qué importa el rumbo
si no marcamos el camino;
qué importa si no seguimos las señales,
solo un paso tras otro
y encontraremos el destino.

Recuerdos

✳

Recuerdos de frescura,
detalles salvajes
en jungla certera;
aparición divina
en jornada rendida;
recibe datos reales
de cercano reinado.

Baraja nuevas verdades
de fantasías extremas;
bebe renovados sabores
de exquisita factura.

Apreciados colores
iluminan el alma;
se acerca y se calma,
se aleja y se altera.

Recuerdos de magia,
sentir es su precio;
espacios vacíos
en su lucha lo sana.

Ni es verde ni loco,
en su mágico mundo
la idolatra y la ama.

Hojas

✳

Traduzco las hojas
en árboles florecidos;
exploro libros
llenos de palabras.

Busco en laberintos
de vías encontradas;
y reservo motivos
y hermosos momentos.

Cada cuanto
rebuzco en cuadernos;
encuentro una frase
y lo cierro lento.

Todo lo puede,
me lo dice el viento,
acerco mi cara,
pero solo un momento.

Volcán

❀

Escape sensato,
fugas y destellos;
atormentado lamento
surge como un volcán
en erupción repentina
que lanza toda su furia
en segundos de
complicación interna;
aparición fantasmal
de lenguas de fuego,
que lanzan por los aires
improperios ardientes
tratando de alcanzar
conciencias foráneas
que sin saber entonces
reciben su muestra
de lava candente
creadora de vida;
vida momentánea
pasará por su curso
cuan vía olvidada.
¿Quién recuerda entonces?
No son heridas propias,
solo una quebrada
sobre la montaña.

Reflejos

Reflejos de estrellas
a la luz de la noche;
reflejos de espuma
con su luna llena.

Dibujo tu rostro
en un rayo nocturno;
todo se ilumina
en instante profundo.

Todo se detiene
en el pensamiento;
extrañas visiones
escriben la historia.

Leyenda de antaño
emerge a tu lado;
aroma de magia
envuelve tu espacio.

Aprieto tu mano
e intento guardarla;
me hablas despacio
me dices te amo.

Surcos

❋

Surcos bañados de esperanza
recorren raudos
caminos intransitables
de lenguajes extraños.

Código de dos seres
que no necesitan palabras;
solo una mirada sincera
despierta todo tiempo ido;
cada camino entrecortado,
y borra las pisadas.

Cada figura constante
en cuadro de extrema altura;
pinceladas en claro cielo
suaviza la velada.

Mantos de esperanza,
sendero iluminado;
estalla el pensamiento,
abro los ojos
y todo es cierto.

Isla

✲

Isla solitaria,
te rodean infinidad
de océanos peculiares
que nacen y crecen
en alimentación constante
de madres devotas
con un solo deber;
ciclos de armonía,
ritmo de vida.

¿A dónde lleva
tu sentir despierto?
¿De dónde viene
tu poder dormido?

Tierra viva
naces y engrandeces
la paz solitaria
de universos fortificados;
elementos invisibles
coloridos y espaciales;
el llamado de unidad
eterno y misterioso
produce estruendoso encuentro
fenomenal y luminoso.

Sabiduría

❀

Ríos de sabiduría temporal,
campos de siembra cristalina;
eco de palabras preciosas
en espera de un extraño poder.

Búsqueda de respuestas
en mágica combinación
de múltiples valores;
muéstranos el camino,
enséñanos tu saber,
suaviza nuestro pesar.

Montaña erguida,
caminata incansable;
huellas imborrables
reviven la esperanza.

Sólidos cimientos
recurren a tu encuentro;
crecimiento momentáneo
convierte cual idea viva;
buena por tiempo compartido,
rica por tu forma de ser,
llena de ti.

Batalla

❀

Batalla desigual,
corazón de guerrero;
vencedores de adversidad extrema
en campos marcados.

Marcados con tendencia interesada,
marcados con voces;
descendientes
de otros pocos
malintencionados.

El calor es intenso,
la lucha se expande;
se defiende con premura,
se ataca con grandeza,
se consigue un objetivo
y se vuelve a la pureza.

El placer no es extraño,
es el triunfo buscado,
que penetra profundo
en cada avance logrado.

Océanos

❋

Océanos de esperanza,
futuro de olvido;
océanos de conocimiento fugaz
reflejadores de estrellas.

Llegada de toda inmensidad,
cara plateada de luna;
producto de hermana glacial,
ritmo interminable de olas.
¿Quién te puede alcanzar?

Mareas de alcurnia,
mareas de corto pasar;
ondas que van y vienen
en su entusiasta peregrinar.

Paraíso de marineros fantasmales,
reinado de sirenas milenarias;
misterios en su néctar
en su mundo irreal.

Dibujos de sombra y brillo
que se dejan escapar;
bailes con sentimiento
en cada temporal.

Rocas escarpadas

✳

Rocas escarpadas
bajo frágiles cristales;
verdad que aflora
a diminutas dosis.

Más oscuridad en
desconocimiento obligado;
comunicación sin palabras,
encuentros de tristeza.

Caminos estampados,
resentimientos valorados;
ladrillos que entorpecen
el pasar pausado;
ladrillos que construyen
techo y abrigo.

Acerca el crecimiento,
una mente abierta
entiende el pasar
de una vida incierta.

Asideros que dan fuerza
en camino abierto;
acuden al llamado
de locura cierta.

Espejos

✴

Espejos del espacio en vida,
reflejos de alegría real;
impulsos de canto eterno,
belleza de lenguaje en flor.

Florecen y florecen
con cara al cielo;
se mueven y se mueven
con sonrisa al viento.

Silueta de ternura
y caricia al sol;
escuchan el llamado
en todos colores;
colores combinados
en un gran tambor.

Conjunto de detalles
revelan la suerte
de muchas estaciones
sin decir adiós.

Placer encantado

✸

Grande es el placer encantado,
resplandor entre murallas rotas;
no hay retorno
sobre cimientos demolidos.

No hay cuidados
de pensamientos doloridos;
no hay silencio
en la fuerza de quebrantos
mutuos;
solo un manto
de dudas y razones
sobre olas de tormentas
y canciones.

Ya es un canto
que se escucha a toda hora;
guía eterna
de luces estelares.

No hay demora
en el tiempo compartido;
solo un tierno roce establecido.

Saludo

Saludo en el tiempo
de su lento entender;
surcos de nobleza
de un extraño placer.

Recorridos misteriosos
en su justo lugar;
relativa es la distancia
en su libre pensar.

Cordilleras emergentes
como largo arrastrar;
cruces olvidadas
y es un cambio crucial.

Llamaradas en tu vientre
como madre normal;
presiones de un demente
en repentino estallar.

Se inicia un nuevo mundo
y es su fresco empezar;
se mira en el poniente
renovado caminar.

Rayo

✤

Poderoso rayo
lleno de esperanza;
te presentas cuan vivo
con tu nombre a cuestas.

Rugido asociado de
valerosos colores;
cuan grande es tu alcance
en distancia resplandecida.

Ruido ensordecedor,
partículas estrelladas;
motor de movimientos,
en curvatura enloquecida.

El tiempo se detiene
en pensamiento furtivo;
avanza en un segundo
a fronteras inciertas.

¿Quién marca tus metas
de destinos inalcanzables?
¿Quién mide tus pasos
hacia rutas incontrolables?
¿Quién... quién...?

Sobreviviente

❊

Sobreviviente de mil batallas,
confianza en la diestra;
múltiple retórica
de dialectos proyectados.

Destino de ataques multiplicados;
defensa formal
de clases debilitadas
por caminos obligados
en concurrencia interesada.

De promesas cumplidas
por poderes adquiridos;
facultades inmensas
de ideas encadenadas,

Pilares del viento,
lealtad indivisible;
pilares del tiempo,
realidad a lo imposible.

Estrategia cambiante,
naturaleza desnuda,
conciencia invisible,
rehuye la suerte;
se deja o se elije
la razón o la muerte.

Transformación

❋

Explosiones revertidas,
revoluciones renacidas;
capta el aire nebuloso
de conceptos bien habidos
sobre ideas rebuscadas
y un rendido fabuloso.

Frente a frente recorrido
entra en curso de crucero
un conjunto de materia
para un cambio establecido.

No se encuentra
entre sus pares,
es de nuevo complacido;
acumula mucha fuerza
hacia el centro conocido.

Se transforma con destreza,
no hay recuerdo ni tristeza;
solo pasas en el tiempo
de poderes y nobleza.

Tormentas

✸

Tormentas de frescura
plagadas de palabras transversales
y lluvias de silencio obligado.

Oscuros caminos dolorosos
iluminados por rayos estelares;
luminosos por decreto
de cegueras radicales.

¿Quién defiende al impotente
desterrado de ideas originales?
¿Quién recuerda al descendiente
de galaxias laterales?

Mente audaz,
pensar brillante.
¿Quién escucha tu discurso
de mejor momento?
¿Hay espacio para otros
o es solo el resto?

Exploración sublime,
catapulta suprema;
acerco la estrella
de alegría inmensa.

Horizontes

❀

Horizontes lejanos
de aromas amistosos
contenidos en tu pecho
de sol, mar y arena.

Desplazados, tormentosos,
de otra tierra ilusionada;
hay destino de riqueza,
otra vida iluminada.

Pasa el tiempo
y no hay retorno,
no hay distancia encaminada;
una luz internamente
muestra avance en la llegada.

Ya hay cimientos de censura,
un renuente pergamino
establece la vereda
de una simple renovada.

Ya hay raíces que complican
el destierro voluntario
y la mezcla se confunde
con pasados similares.

Amaneceres

✴

Amaneceres deliciosos,
¿dónde están?
Busco tus raíces en el tiempo,
en recuerdos repentinos
como en páginas pasadas.
¿Dónde están?

Son momentos coloridos
con colores de amor propio;
que recibe y no perdona
comparado a su sentido
siempre alerta y dolorido,
un regalo a tu destino.

Una suerte de medidas,
atracción a toda prueba;
el llamado de silencio
abre mentes de misterio
para arribos y partidas.

Nacimientos y destellos
de valientes y lumbreras;
cada espacio en su momento
comunica sin preguntas
la respuesta a su tormento.

Aberturas

❀

Aberturas incontrolables,
metódicas y deseables;
solución ambigua,
compañeras extrañables;
escape de palabras ciertas
y verdades alcanzables.

Oculares divinos
de colores cambiantes;
facetas hermosas
sensaciones radiantes.

Mareas estelares
con olas comunales;
cómo avivan a otras
de corrientes y otros mares.

Mareas de cristal
rígidas y brillosas
deslumbran la suerte,
inertes y poderosas.

Cómo puede el destino
a sabienda de otros lares,
dejar paso al de **vientre**,
dar consuelo a los sobres
y alentar al valiente.

Encontré un atardecer

✳

En la búsqueda
de perdidos caminos,
encontré un atardecer
con sublimes colores dorados
y con sumo placer;
matices de pequeños temores
y un tremendo quehacer;
certeza de canto olvidado
y un seguro nacer.

Pensamientos afloran alados
con rumbo y sentido global;
buscando un solo destino
que lo entienda y se deje llevar.

Atracciones de metas soñadas
con un ritmo de un mismo cantar;
aparecen en la tarde dormida
en silencio y diferente lugar.

El llamado se hizo despierto
en sincera y amplia señal;
lenguajes de doble sentido
y resultado sensacional.

Lagunas de silencio

❋

Lagunas de silencio
en vías de pasión;
recuerdos de armonía
en búsqueda de razón.

Misterios de esperanza,
sinceros al caminar;
no hay límites
ni cortos plazos
para ese que sabe andar.

Compromiso en mirada pura
a costa de tanto estar;
costumbres de suerte echada
de ríos bajando al mar.

Traspasos de sentimientos mutuos,
calor en eternidad;
inspiración y rendimiento
hacia simple libertad.

Mensajes de poder continuo,
diferencias en lo real;
coronas en propio espacio,
merecimientos de amigo leal.

Experiencias

✳

Experiencias fortuitas,
realidades alcanzables,
luces del olvido,
carreras interminables.

Rumbos constructivos,
reacciones procesables,
luz en el camino largo,
inspiración para lo no sabido.

Tiempo silencioso y colorido,
movimientos calculados, presurosos.
¿Quién te alcanza
en momentos de premura?
¿Quién te encuentra
en concentración selecta?
Participación obligada
de cumplimiento dispuesto.

Perseverancia infinita
es un logro divino;
no importa la distancia,
seguro es tu destino .

Árboles

Árboles floridos de pensamientos,
reducto de palabras no dichas,
cambiantes, transversales, belicosas,
acallan lo bueno y misterioso.

Verdades disfrazadas
de difíciles caminos;
llamadas de ayuda
remarcan con sentido.

Recursos adquiridos con destreza
cubiertos de tiempo compartido;
en sendero de pasos retardados
por costumbre o sabiduría.

Cada punto de retorno propio
abre un campo
de silencio expuesto.

Milenarias ideas
de múltiples opciones
recitan las verdades
como un grito
en las profundidades.

Conquista

✳

Conquista del espacio infinito,
respuesta a un llamado interior;
vestigios de un valor inmenso,
recuerdos de un corazón.

Repetición de palabras alegres
comunican revolución;
pálpitos de esperanza
de un caminar mejor.

Melodías de superación valiente
celebran la ocasión;
presentan un recorrido
surgido de la emoción.

Escaleras de robusta prudencia
limitadas por la razón
escapan de la locura
de mutua comprensión.

Amanece en tierras silentes,
renace una extraña pasión;
influye profundamente
sensaciones y devoción.

Camino

Puede el camino largo
llenar los canales de fuego;
arder remansos de olvido,
secuelas de su quebranto.

Lenguas en libre esfera
matriarcas de la esperanza;
aperturas sin un lamento
rebeldes en la distancia.

Surcos de libre albeldrío
dan cuenta de su silencio;
surgen cantos reales
de ideas y mucho esfuerzo.

Sueños a cielos abiertos,
vestigio de la templanza;
refuerzos de luces impares,
recuentos de la enseñanza.

Caras

❁

Caras alegres de verano
florecen y florecen
entre cantos mediales;
dibujos de estrellas
en lugares sorprendentes
relatan historias peculiares.

No es la forma de la flor
cambiando a cada instante
de tiempo incontrolable;
es la voz que grita
desesperando al mundo:
detén tu paso inexorable
y deja gozar
el segundo justo;
ese feliz momento
de alcance inolvidable,
de eterno recuerdo,
de hermoso sueño.

Poderes mágicos

❋

Poderes mágicos
de atracción rendida
en panorámica revolución;
destino de confirmación perdida
cercano a la razón.

Presiones de silencio altivo,
verdades en su ración;
abiertas las alas solas
renace cierta pasión.

No vale tanta perfidia
sin tanta premonición.
Se busca en todos lados
significado de buena acción.

No basta con las palabras
escritas en la lección;
factores en la distancia
explican resolución.

Llamarada

❀

Llamarada de elegancia saturada
en persistente atardecer;
renuente permanece la alborada
en cada amanecer.

Columnas de sólidas palabras
lo dan a conocer;
relatos de principios renovados
restablecen su placer.

Continuos redobles de alternancia
aprendidos al nacer;
emanación en plena alegría
en campos de exclusivo aparecer.

Intercambio de saludos estelares
entre risas y cantos terrenales
circulados de poder.

Reclutas de figuras alegres
establecen su forma de ver
al jugar por el mundo repuesto
se estremecen de tanto querer.

Vuelven

❀

Vuelven, vuelven
vientos transversales
con tiempos de elaborada alegría
y tormentosa delicia.

Vuelven, vuelven
los pasos sonoros
que dejan caricias
luminosas y ejemplares.

No es orgullo decoroso
que a cada lágrima
con ganas
atraviesa un centro silencioso.

No es silencio de crianza
de una casta desgastada,
rebelde y peligrosa;
es respuesta a lo imposible
trabajada y sudorosa
hacia un punto de armonía
bien pensada y caprichosa.

Alas

✳

Alas de otoño
sin hojas ni memoria,
abre tu luz al viento
y saluda al silencio.

Murmullo de amor intenso,
lenguaje de manos sueltas,
declama tu discurso
al cuento encantado
de risas nerviosas
de tanto mirar
al ser amado.

No finjas tu devoción
que surge
como volcán ardiente
del fondo de tu
corazón herido,
herido por la flecha dorada
culpable de un sentir ferviente.

Despertares

❇

Despertares subliminales
en búsqueda del éxito
rebuscado y único
en históricas palabras
dominadas por sueños
y por múltiples destellos
de sabiduría arrancada
a la fuerza pura
de libros anónimos
que cruzan cada tiempo
tratando de dejar huella
en las mentes abiertas
de hombres nuevos
hambrientos de sabias
letras resaltadas
por experiencias infinitas
o conocimientos encontrados.

Paso a paso

❋

Paso a paso
llegamos a esta vida;
paso a paso
nos muestran el camino,
buscamos las señales
encontrando nuestro destino.

Establecer es un decir,
pero hacer es un mandato;
los senderos van surcando
un sentido en cada paso.

Nuestro nombre identifica,
pero el alma nos declara;
porque el paso por el mundo
no se escribe en la murallas.

Montañas azuladas

✳

Montañas azuladas
e imponentes,
majestuosas, de tierra renovada
con mandato de continuo
reciclado
manteniendo vida activa
en tu reinado;
tu corona es nieve eterna
y de glaciares,
fina y pura
y de blanco acostumbrado;
escondidas tus riquezas
a los avaros,
una muestra de faz clara
a los alados;
a través de canales y quebradas
va muy lento tu mensaje
y tu llegada.
Cuando alcanza distancia
y armonía,
vuelve raudo y corona
tu mirada.

Reflejo

✹

No hay reflejo
en espejos ambiguos
ni lenguajes plausibles
de señales atendidas;
solo juego de palabras dispersas
en un mar de dudas y lamentos.

Tiempos perdidos
en laberintos bicolores
abren su paso
a pleno silencio.

No es orgullo
ni desesperanza,
es cruda experiencia
de los que callan.

¿A dónde van las letras ordenadas
sin llegada permitida
por barreras incomprendidas?
¿Cuál es el alcance de la frase
tantas veces pensada
pero nunca dicha?

Solo serán recuerdos
de historia propia
en tierra muda y entumecida;
tierra grande y poderosa
escucha el canto que te nombra
e ilumina tu llegada.

Sueños de locura

❋

Sueños de locura instantánea,
visita de casas encantadas,
abre tus puertas mágicas,
enaltece la mirada.

Llamarada de conocimientos fortuitos,
un sonido, una llamada;
por costumbre se percibe
una huella por cada pisada.

Corazones palpitantes
acompañan la velada;
ventanas caminantes
revelan los colores
de escaleras con subidas
laterales.

Escape de crujidos musicales,
altavoces de principios
señoriales;
notas grandes en cuadros líquidos
alumbran la memoria;
ya se acerca la alborada...

Caminos azulados

✹

Caminos azulados
libertarios de pies presurosos;
deleites de armonía,
buscadores de metas olvidadas.

Relojes sin tiempo
realizan con éxito
transiciones dimensionales
navegando en canales
predeterminados
por respuestas recibidas;
reflejo íntimo
de químicas voluntarias,
percepción silenciosa
de señales abreviadas
reveladas del alma.

Espacios abiertos y rebuscados
traducen pergaminos
de dudas alocadas;
avalanchas de sueños
alegran los ríos
de historias contadas;
contactos calientes
revelan verdades
a veces calladas.

Manos

✷

Son las manos
que tocan otras manos
y saludan de manos
encontrando
en otras manos
las respuestas de manos
en un mundo de manos.

Camino de intercambio
de energías recargadas
de alegrías diversas
comunicadoras de verdades
de intereses o desánimo.

Lenguaje eléctrico
deletreado, alcanzado;
recepción de mensajes
increíbles y misteriosos
para incrédulos,
pero abiertos y claros
para sabios del alma.

Especímenes

✳

Recepción espontánea y sólida
surgida de profundas inmensidades radicales;
erupción abrupta, candente;
nacimiento de especímenes
pertenecientes a mundos paralelos
provenientes de mundos irreales.

¿Quién prohíbe tu relato?
¿Quién coarta tu existencia
sin conocimiento alguno
de tu lucha por el contacto desierto?

Sigue el camino y espera,
que así como el que busca encuentra;
habrá oídos a cientos
que entienden lenguajes sedientos;
sedientos de conocer entornos,
sedientos de vivir ciertos,
sedientos de entendimiento.

Escucha la voz del río caudaloso
que a su paso reparte
su energía de experiencias fabulosas
siente el producto deletreado
a cada momento traducido
a cada individuo relatado.

Si percibes es tu trono,
si lo ignoras es de otro,
pertenencia no es la regla,
sentimiento es la moneda.

Autonomía

❋

Busco reflejos fantasmales
en tierras desiertas de mares;
salgo al paso de olvidos
y encuentro pilares abismales.

Pongo atención a palabras
producto de recepción antigua;
cada sílaba expuesta
camina hacia señales abiertas.

Cada pensamiento acostumbrado
se rebela y reclama
autonomía declarada y liberada;
somos experimento fallido
en búsqueda de perfección alcanzada.

Abre tus alas al tiempo dormido
y recibe caricias silentes;
leyendas milenarias
describen tu canto;
historias veneradas
traducen tu encanto.

Códigos de silencio

❋

Recónditos códigos de silencio
que sin decir palabras
expresan lo sentido.
Baño de letras enlazadas
vierte tu líquido sabio
y entrega tu néctar.

Almíbar de relatos interminables,
revelación de misterios,
tesoros ignorados
abran sus cofres al tiempo
y déjense beber.

Millares de mentes sedientas
esperan tu señal;
millares de mentes abiertas
saludan tu pasar.

Déjame respirar tu aire

❈

Déjame respirar tu aire,
rodéame con caricias prestadas;
en noche de primera alternativa
quiero sentir palabras cubiertas
de verdades intransables
con pisadas en firme.

Camino de sentimiento
en que cada movimiento
rápido o lento
tenga el lenguaje
de grandes confesiones atrapadas.

Que cada grito ahogado
exprese los sentires reales
en sembrados realizados
y en silencio callo...

Quiero escuchar latidos perdidos
que sin alas vuelan
y llaman desde lejos
el saber de la montaña;
quiero sentir profundo
el rugir de la esperanza.

Vaso

✳

Vaso de razón vacío,
surgen tus habilidades varias
sedientas de palabras claras,
regalo de entendimiento.

Cimientos reforzados
de calor y de energía,
calores de alegría
voluntades con sentimiento.

Realidades aceleradas
o verdades atrasadas,
hay tendencia positiva
en caminos reclamados.

Aires de tibieza encontrada
acarician brusca huella remarcada,
bondad expuesta y sentida
hasta tu infinita mirada.

Es un paso hacia el futuro
un avance preparado;
esa sombra detenida
ya marcó su retirada.

Cambios

❀

Cambios de pensamiento pausado
y mirada tibia sin rencor;
abrazo de sentimientos
y sincera verbalización.

Retraso de atracción real
en cuadros de control;
dulces caricias adornadas
de cuidadosa celebración.

Intercambios deliberados
permisivos de emoción;
siembras de alborada,
reinas de adoración.

Cosechas de alegría,
alegorías de la razón;
búsqueda de fruto dormido,
despertares de relación.

Antesala de erupción divina
resalta la caravana;
alborotada de pendientes
caminos de exploración;
atentado a la cordura,
momentos de aberturas,
complemento de su explosión.

Entendimiento

✳

Sombras de dudas
en mentes ávidas
de pensamientos;
futuros resquemores adoloridos
buscan luz de entendimiento
alumbrando los sentidos.

Ardua es la tarea
de escalar entre
palabras grandes y elegidas
cual comprehensión antigua.

Si todo surge
de salvajes campos dormidos,
solo susurros permisivos
mantienen la esperanza
en lo pasivo.

Cualquier ronquido
o un chasquido
levanta la estadía externa
de silencios aturdidos
empapados de sabiduría.

Búsqueda de caminos inciertos

❊

Búsqueda de caminos inciertos,
sin señales, sin silencio;
huellas de polvo fresco
entre piedras y un desierto.

Remate de palabras serias
en mercado delirante;
intercambio galopante
a la espera de un sentido.

Registro de palabras anteriores
contienen el misterio;
cada sílaba distante
resuelve la soñada.

Traslado de vidas múltiples
a través de una mirada
sincera y destellante,
resuelta y generosa.

Orígenes voluntarios
en voluminosos raciocinios
explican lo inexplicable
de momentos intransables.

Vientos

❋

Vientos de silencio
relatan tu mirada;
recuerdos de un olvido
asemejan la alborada.

Aires de tibieza
que se gozan en su lento pasar
acarician mi lamento
y dejan pasar tu canto,
melodioso en su estructura,
armonioso en su sentir.

Grito y deseo,
cercanía una palabra,
belicosa una acción;
dedos entrelazados
de preguntas intransables
al alcance de remotas
respuestas en lo intangible;
pequeñas y curiosas,
néctar suficiente
para no enloquecer,
gotas de esperanza
susurros de placer.

Núcleos

❀

Núcleos candentes,
mentes pensantes;
rutas dirigidas
hacia vientos cambiantes.

Cada paso establecido,
cada tiempo protegido
habla un poco de lo siento
y otro poco de lo entiendo.

Cómo estallan ideas
fantasiosas y originales,
reales e imperfectas,
que dejan sabor a frutas
de fuentes recién revueltas.

Revolución de mentes dispersas
en busca de razón incierta;
cimientos en movimientos puros,
exploración con verdad abierta.

Revolución de rayos recibidos,
desnuda la sensación perdida
y atraviesa toda suerte
cien por ciento de optimismo,
desafío que convierte.

Fuente de ternura

✷

Fuente de corriente
inagotable de ternura;
elixir de los dioses,
alegría que perdura.

Guías mentales
de dos vías vitales;
renacimiento con fuerza
de amplitudes y nobleza.

Entre leyes y aptitudes
se construye en regla;
pero el puro sentimiento
se refleja a tientas.

No se expulsa
el sentir incierto;
no hay más caso
ni asidero con un polo suelto.

No se espera a la distancia
confesiones o arribos
a algún puerto;
solo las reales
y ningún lamento.

Subo montañas

Subo montañas
desbordadas de alegría
y canto tu nombre
al viento
esperando ecos sin un lamento.

Acaricio la suave roca
simulando no estar sintiendo;
emanan palabras suaves
y precisan fugaz momento.

Enciendo los días,
atrapo el tiempo;
abro los brazos
ya somnoliento.

Busco en los sueños
y en tu silencio;
percibo extrañas
claves surgiendo.

Datos curiosos
dan nacimiento;
dulces palabras
ya lo presiento.

Retos

✶

Creciendo a borbotones impresos
surge de las entrañas
la idea intensa
de grandes y sorprendentes retos.

Caminos lisos y resbaladizos
complican la claridad intrínseca
permitiendo a escapes dormidos
despertar al sueño entero.

Cambios aludidos de suerte
rebotan mano a mano
en cuartos de paredes dolidas
por complejos reductos de tiempo.

Abre un tanto una ayuda perfecta;
se recibe a contar conveniencia
y en momentos de retorno acertado
no alucina al recuento esperado.

Son hileras de fuego candente
con propósitos y avances silentes;
no resuelven pero explican cabales
presurosas las politonales.

Pedregoso

Aunque el camino es pedregoso,
raudo el caminar;
no importan lagunas, pozos y montañas,
la meta es peculiar
comienzo de aventuras nuevas
de presuroso caminar.

Cada paso alcanzado,
cada recuerdo alocado
acerca más el destino
a su obligado entendido.

No importan los tiempos
ni esfuerzos rendidos;
solo un suspiro
en un puerto aprendido.

Surge luz en el camino,
se establece una mirada;
reflejos de silencio
terminada la jornada.

Viajes astrales

❀

Viajes astrales infinitos,
sueños de locura expuesta,
escape de manos llenas,
naves silentes al espacio abierto.

Busco respuesta en estaciones
dispersas por sensaciones idas;
locura momentánea
de relación compuesta.

No es un nombre fallido
ni una palabra perdida
en el silencio;
es murmullo herido
de sentimiento.

Arden llamas
delatoras de movimiento;
iluminan desde lejos
la magia y su nacimiento.

Verdades intangibles
invaden la mirada,
esconden las palabras,
y en su expansión de ideas,
fue iluminada.

Almas

✳

Almas perdidas
en laberintos de esperanza;
puertos de olvido
y eterna semejanza.

Oleajes en sentimiento
perseverante;
llamado a la ternura
reflejo de orgullo intenso.

Solo brazos cobijan la locura
momentánea y llena
de traducciones propias,
de sentidos secretos,
de respuestas encontradas.

¿Quién lee tus letras
atribuidas y atropelladas?
¿Quién alza la voz a tu canto?
¿Quién murmura al oído
un conjunto de palabras sabias?

Limitación de tiempo y espacio
por temores infundados;
comunicación de verdades a medias,
costumbres y tendencias erradas.

Solo una equis marcada con premura
atraviesa ruta clara y atrevida;
reales niveles con sentido
conducen a otras luces de por vida.

Suave

✳

Suave espuma iluminada
por reales colores revelados
no responde a contactos presentes
de su pasado reciente;
solo al tacto de una mano delicada
abre su baúl dorado y despierto,
lleno de sentimiento
que abraza la esperanza
perseverante y enérgica
de comunes ataduras señaladas,
poseedora de palabras propias,
pensar sabio y discreto
encaminado al olvido;
olvido inteligente,
herencia establecida
en camino de recuerdos,
escape de realidades curiosas,
montañas de sueños retratados,
sonrisas silentes,
erupciones ardientes.

Ciclos de vida

✸

Ciclos de vida
ancestrales y brumosos;
suerte de acabadas sensaciones
apreciadas y silenciosas.

No hay espacio disponible
en olvido solo e instintivo;
es mensaje indirecto
de historias aplazadas
a tiempos alcanzables
sobre encuentros comprendidos.

No son las luces
titilantes y distantes
enviando señales desde lejos
para evitar ser percibidas;
es lectura atrapada que
deja escape a su nombre.

Cada letra responde
a períodos perdidos
en omisiones dormidas;
a un despertar abrupto
con mensajes atorados
que revientan los canales
de mudos pensamientos.

Dudas inmortales

❋

Sombras de dudas inmortales,
apariciones de retos racionales;
no escapan las miradas fantasmales
de pequeños pensamientos siderales.

Luces astrales acentuadas
de actuales ideas apreciadas;
amplios sentidos decorados
de presentes y ardientes nominales.

Colores de estructura inmersa
en espacios de ternura inmensa;
rastreo de risas olvidadas
en la cúspide de montañas congeladas
por palabras aprendidas y escuchadas.

Nacen ecos en la alborada
con grandes gritos y su mirada;
abre sus brazos a su silencio
brisas de orgullo a cuatro vientos.

Llamadas de selva nueva
hacia los sinos de lluvia intensa
cubren las manos en un segundo
la vida propia de ese lamento.

Brumas

✳

Brumas en camino abierto,
recepción de campos desiertos;
se oyen pasos delirantes,
un escape, una mirada vacilante.

Cubriendo los parajes montados
uno a uno y en silencio;
arrastra en cada destino
espejos de repetición perfecta.

Estrellas del pasado inmenso
atraviesan su señal distante;
acarician pétalos dormidos
en el sueño de magia y tiempo.

Llamaradas en centros partidos
por refugios de verdades rendidas;
direcciones de un alto sentido
recobrando la llave extasiada.

Ojos de agua cristalina,
complemento de atributos cumplidos;
hay acierto en lengua supuesta,
resquemores de la vida entera.

Referentes

✳

Referentes de amplitud ilimitada,
atracciones reflejadas;
surgen campos de elecciones certeras
en multitud de mentes despejadas.

Huele a pensamientos
de materia clara;
intercambio de energía
atesorada de sentimiento.

Búsqueda de plenitud dorada
sobre plataformas uniformes
viajan en sensación directa
en estaciones desiertas.

Encuentros cercanos de otros tiempos;
apariciones repentinas
hablan en idiomas extraños
de caricias eternas.

Recónditos caminos transversales
reconocen el sabor del viento;
miradas de esperanza
recuerdan su lamento.

Islas de silencio puro
abrazan un mar de palabras sueltas;
a cada ola respira
poemas y entendimiento.

Cualidades

✥

Cualidades de mundos dormidos,
despertares sinuosos valientes;
no hay casos rebeldes vacíos
en cantera de piedras ardientes.

Su aprecio se mide en canales
y ramales de venas candentes;
un llamado de varios colores
iluminan la respuesta pendiente.

Cantidades de ideas perdidas
se reencuentran con sus variedades
creando verdades voraces
bajo un canto de rayos solares.

Receptivo a tibios temores
abre paso a muros dementes;
atrevido a cuatro bondades,
remolino de faros silentes.

Poderosas fuerzas reales,
atracción de mentes inmensas
en pequeños perfectos secretos,
reflejo de grandes verdades.

Jardín

Jardín de estremecimientos continuos,
constelación a la eternidad;
apariciones y figuras rendidas
directas a la claridad.

Voces potentes y cordiales
eliminan la ambigüedad;
atraen sentidos sensuales
con toda su intensidad.

Universos con todas sus letras
grabadas a hierro candente
a fuerza de tanto hablar;
recuerdos de tanto olvido,
mensajes y profundidad.

Revolución por movidas perfectas
en busca de su lugar
libera estrellas recientes
a mundos de actualidad.

Imágenes perdidas en el tiempo
señalan oportunidad;
tesoro en su silencio
aprecios y capacidad.

Cerrojos al que no entiende,
fantasías en realidad
con ojos que todo miran
en plena sinceridad.

Granito de arena

❀

Un granito de arena
que pertenecía a un arenal
nadó infinidad de veces
pero salió a caminar.

Sintió pisadas de extraños,
el viento a su pasar;
soleado tantas veces
que no sabía qué pensar.

Olas que conocía
salían a saludar;
pero sin mucho apuro
no pasaban de su lugar.

De su granito ardiente
hablaban en su ciudad;
historias de su pasado
de cientos a quien dejar.

Traviesos y otros más serios
se deben aventurar.

Eterno no es el nido;
es cierto que al caminar
con suerte se tejen vidas
que amparan buen transitar.

Misterio

✳

Dejaremos que todo
sea un misterio;
luego cantaremos alegres
canciones de triunfo alcanzado.

Atravesaremos cuadernos sin líneas
y villorrios de lo siento;
habrá culpas sin lamento
y apropiados mantos
de aún yo pienso.

Abre tus ojos
y respira la premura;
que hay mañana
con sentido;
que hay futuro
y aún presiento.

Largas cabalgatas
de silencios aprendidos
repiten los ecos azulosos
aún latiendo.

Escucha el susurro del tiempo
y extiende tu sueño dormido;
que habrá por cientos
despertares presurosos de olvido
al encuentro de hoy entiendo.

Verdes

✳

Verdes esmeraldas
acarician los destinos acabados
de grandes sentires.

Susurros de música incomparable
destellan felices
palabras delicadas
nombradas una a una
por una mágica voz
sensual y primorosa.

Pronuncia cada letra alcanzada,
cada no sé qué decir;
inspiraciones atrapadas
comienzan a salir.

Abren compuertas
y dejan fluir torrentes
de pensamientos retenidos
por el sueño de sentir.

¿Cuántos caminos inventados
dejarán espacios abiertos
para escuchar tu voz?
¿Cuántas miradas atentas
pedirán permiso
para dejarse ver?

Poderosos procesos

✳

Poderosos procesos
valoran apariciones renacidas
de mundos hermanos
hasta el amanecer.

Solo palabras distantes
detienen por segundos
la tendencia a desistir;
abren campos sobreexpuestos
en un lento atardecer;
determinan cada instante,
se preguntan…
y hay demora al responder.

¿A dónde van los sueños
constructores aparentes
en dimensiones paralelas?
¿A dónde van las ideas perdidas
elaboradas a fuerza de pensamientos
y relegadas al olvido?

Relojes del tiempo dormido,
despertares y presentimiento
deja verter tu néctar,
acumulación de puro conocimiento,
deja recordar tus claves

y resolver misterios;
deja que recuerde tus números,
cuente tus cuentos
y utilice en silencio
tu futuro mensaje.

Mentalidades

✸

Elaboradas extensiones
de mentalidades definidas
en busca de soluciones
o atrapados sin salida.

Ideas acabadas y en silencio;
peregrinar de palabras
y sin pretexto.

Aparecen siluetas estiladas
alumbradas sin sombra;
acostumbradas
al uso de cualidades imantadas,
refrescar de miradas atolondradas.

El ir y venir de multitudes impacientes,
aparentes buscadores de tesoros perdidos;
arrollando y esperando
oportunidades rendidas
de fácil encuentro
en terrenos partidos.

Horizontes alados
elevan proyectos pendientes
a niveles alcanzables
fáciles para manos amigas

sin censura, sin apuro;
complemento que perdura
se atormenta y se libera.

Abre espacio, es un comienzo,
escucha un poco,
es un misterio,
aprende pronto,
función sincera.

Aventuras

✴

Aventuras de pensamientos turbulentos
creadoras de antagónicas respuestas,
reprimidas de rápido entendimiento
o dóciles en palabras servidas.

Sobre olas de ideas alocadas
navegan atadas promesas rotas;
buscan puertos y aguas sumisas,
travesía y presentimiento.

Suave contacto como un susurro,
recepción de mensajes aparecidos;
abre perfectos momentos mágicos
especiales y provocativos.

Preguntas a tiempo
y en un momento;
respuestas alegres de sentimiento
llenan espacios predestinados
a los encuentros subliminales.

Letra con letra se llenan vasos,
que sorbo a sorbo serán bebidas
hasta entender la sabia frase
por la razón agradecida.

Cuando caricias de tacto cierto
hablan muy claro
a idioma abierto,
despiertan sentidos
bajo aclamaciones ruidosas
y sinceras
que no limitan la esperanza
y no hay olvido
que permita la distancia
al ser querido.

Aparentes destellos

❀

Aparentes destellos estelares
acarician el sentido,
la esperanza y el olvido;
solo luces intermitentes
aparecen tratando de encantar
la solvente cordura.

Todas las coordenadas
señalan caminos perdidos
y tormentosos;
pero puede más la locura
de encontrar tesoros dormidos
en divididos caminos brumosos.

Cada paso adelantado
tiene ecos de rendido;
unos ruedan en la calle
y otros prueban su control.

Cada llamado intransigente
retiene la ternura de una mirada
o la palabra inteligente;
cada duda callada y oprimida
y repetida en silencio
se traduce en segundos
en la voz programada
que la lleva cautiva.

Explosiones

※

Al encuentro de explosiones
increíbles y curiosas,
apariciones divinas y glamorosas;
símbolos de lenguajes ancestrales
repican promesas de mejores vientos;
rayos que truenan poderes
conducen a coros
apreciados momentos.

Flechas doradas
por el sol saliente
transportan mensajes
en canales ardientes.

Se escriben tormentas
en áreas turquesas
y navegan a ratos
en imaginación correcta.

Mares de esperanza vendida
atraviesan grandes verdades soldadas;
abren los ojos a tiempos dormidos
observan respuestas pendientes y abreviadas.

Pinta caminos de difícil acceso,
acaricia el borde de soluciones propias,
alcanza metas provocadas,
implanta su historia,
amanece... y se calma.

Lenguas de fuego

✳

Como ardientes lenguas de fuego
emergieron al espacio
profusos líquidos atrapados
por el tiempo dormido.

Éxtasis es solo una palabra premiada
con segundos de viajes astrales;
con destinos infinitos
que dejan caer la palabra precisa
en el momento perfecto.

Tesoros añorados
por recuerdos escondidos,
solitarios y libres;
que al abrir sus alas
cuan mariposa recién nacida
exponen sus secretos al tiempo,
al sonido y al viento.

Expresiones que acumulan silencio;
murmullos que provocan:
lo siento.
Búsqueda de ríos caudalosos
hartos de corrientes tumultuosas
vertidas y soñadas.

Tormentas de alas rotas
sin alma, sin huella
acalladas por palabras completas
sabias y llenas de sí, comprendo.

Espera

❋

Espera fortuita en la perpleja noche;
intercambio de retos mutuos;
aperturas en silencios pensados,
atrevidos y presurosos.

Llamadas de excusas raras
con sabor amargo;
de mentiras pautadas
imperfectas y teatrales.

Cómo abrir la caja rota,
si con el tiempo atrapado
repartirá palabras cruciales
a caminos insospechados.

Cómo mirar a través de los cristales
tapiados de promesas incumplidas
en mundos paralelos y perdidos.

Cómo recibir las señales
alocadas y alegres,
que parecen perfectas de noche
pero cambian su cara
a favor del viento.

No precisa traducciones extrañas;
solo el sencillo contraste
de dos realidades supuestas
de cálculos acostumbrados.

Abre tu mente al tiempo
de caminos cruzados;
déjate empapar de esperanza
en los pasos atrapados.

Despierta la verdad dormida,
acaricia la alborada;
saluda las manos amigas
que dejas en tu retirada.

Loco

❊

Cuando los pensamientos
se cubren de loco entendimiento,
rugen palabras dormidas
vestidas de sentimiento.

Finalmente las posibilidades llegaron
y llegaron de la mano alada
de otros versos apartados;
otros besos poseídos
y otros pocos atrevidos.

Alza la espada encendida
e ilumíname por un tiempo;
respuestas multicolores
tendrán su feliz momento.

Toboganes azulados
en alturas finitas y apartadas
hablan claro de otros tiempos,
miran amplio a la distancia
y comprenden la jugada.

Vaivenes en cuerpo activo;
volúmenes de texto inmenso
imanan a cada instante
suspiros a cielo abierto.

Ficción o sabiduría,
recuerdos de tiernas manos,
lo cierto es que a pocos pasos
presiento sueños extraños.

Alza la mano abierta
y clama con voz altiva
derechos para los mares
de ideas en carne viva.

Una princesa herida

❋

Estuve otro día como este
en otro suelo nacido
y pude leer en los ojos
de una princesa herida.

Decía tantas cosas
que tuve que correr
para recibir cada palabra dicha,
cada letra entumecida,
cada dolor vivido.

Creí recibir mensajes propios
que requerían auxilio;
pero pudo más el silencio
que frenó las ansias activas;
que callaron por un segundo
y así permanecieron
dormidas como una roca
que se prepara a su tiempo.

Ternuras en su camino,
tropiezos en su lamento,
pisadas en cristal roto,
dolores en su tormento.

Altares de piedras flojas,
promesas de frágil destino;
a dónde van las palabras
que no se dicen,
pero se sienten;
a dónde van los sentires
que no se tocan,
pero se pierden;
a dónde van las atracciones
prohibidas,
a dónde van, a dónde van...

Jardines

❀

Jardines ancestrales
repletos de risas y cantos olvidados
por el tiempo cansado
de tanto paso sembrado.

Cosechas apiladas por montones,
separadas en claves soleadas;
aparentes paradigmas
de dilemas programados.

¿A dónde voy?, me pregunto
mientras escucho la música
que deja caer sus notas
por melódicos caminos.

¿Dónde estoy? resalta mi mente
tratando de acomodar ideas
con aportación propia
y raciocinio instantáneo.

Masivos oleajes de locura espontánea
provocan acercamientos divinos
que llaman ternura,
que acaban, que tocan.

Destinos diversos alejan la barca,
envían señales, apartan la marca;
todo día pasado de silencio
encontrará códigos soñados
de los que saben, de los que creen,
de los que existen, de los que entienden.

Caricias

❋

Caricias prestadas en caudales adorados
por cien ternuras atrapadas;
trenes de reemplazo obligado
hacia estaciones permitidas y olvidadas.

No habrá reproche renovado
en duras penas acabadas;
propias las cadenas perdidas
en terrenos de solitarios acerados.

Pueden dos pasos apartados,
envíos de pretensiones aprendidas
encontrar respuestas partidas
y sanar al tiempo.

Son muchos los que marchan
por caminos calculados
y son pocos los que abren
su confianza en estelares.

Puede el silencio
guardar los sentimientos temidos
y explotar la sabiduría
de extrañas reglas
acabadas y servidas.

Concentración y desacuerdo,
cartas establecidas;
sigan en camino incierto,
que quien atrapa su destino
contará su propio cuento

Hoy

✳

Hoy que tengo palabras descifradas,
tesoros ambiguos de muchos libros apartados;
hoy que leo idiomas propios
de muchas rebeliones aplazadas;
puedo dar pasos encendidos
sobre llamas candentes de recuerdos
que queman cada segundo de sentimiento;
volver atrás, sentir de nuevo
y caminar sobre mis huellas.

Quiero recibir calores avalados
por pensamientos azulados
libres a toda prueba
de influencias fantasmales.

Aliento de cantos varios
tienen la espera de otro momento
pero, una palabra, tendría todo,
todo resuelto.

Caminaría sobre líneas trazadas
en melodías encantadas con letras luminosas;
atravesaría obstáculos tendidos
y esperaría tu llegada.

Invisibles

✹

Invisibles y desconocidos caminos
sugieren venas abiertas de esperanza;
cada distancia aparecida
sugiere respuestas a lo perdido.

Altas las voces de los talentos
pidiendo audiencia justificada;
atenta la historia de los sentidos
surgen relatos en la mirada.

Callados momentos que apresuran
cambios permitidos y opuestos;
los ojos cerrados pensando
atraviesan disyuntivas acertadas.

Cada movimiento certero,
cada paso adolorido
responde palmo a palmo
a razones en buen camino.

Pretensiones abreviadas y jocosas
resumidas en cuatro palabras
cruciales y comprometidas;
no reflejan la distancia demorada
por rendidas decisiones establecidas.

No hay respaldo claro suprimido
a la luz temprana selectiva;
solo un mensaje ambiguo conocido
cual dos caras, cómplice y bandido.

Crisoles

✳

Cuando el tiempo duele y calma,
crisoles prematuros a su entendimiento,
apariciones furtivas de retos cautivos,
errores dormidos sin arrepentimiento.

Casuales prendidas por experiencias ajenas
tratando de hablar lenguajes perdidos;
sombras de antaño recogen distancia,
saludan y acogen la causa tendida.

Opuesta la estancia,
llamado al peligro,
atrae temores a lo desconocido;
cimientos de hierro
y un grito ferviente
despeja las alas
de muros ardientes.

Camina el orgullo a gotas cegadas;
cada paso herido arrebata el alma
un llamado vivo;
clama a la cordura
cuando de otros ríos
baja la ternura.

Locura espontánea despeja el sentido;
levanta esperanzas en terreno aprendido;
atraviesa recuerdos y montes tendidos
cual fantasma de olvidos partidos;
preferencias propias
al terreno perdido.

Corazón

✳

Amarra tu corazón al mío
y verás la luz perdida;
mira hacia el horizonte
y llenarás de aire un triste vacío.

No temas a los senderos
que atrapan soles y vientos;
serán el mensaje claro
de amores que trae el tiempo.

Desata los sentimientos prohibidos
y aliméntame con el pensamiento;
vive la vida sembrada
y verás ventanas y cuentos.

Reúne palabras sueltas
y únelas en libre albedrío;
sabrás lo que surge propio
de grandes misterios habidos.

Mensajes

✳

Cosas extrañas pasan por mi mente;
traen mensajes antiguos
y recuerdos de otros cuentos;
trato de seguir un camino
y aparecen otros cientos.

Trato de encontrar un sentido
y me lleno de sentimiento;
río con los bemoles
y hablo conmigo en silencio.

Confundo los rendimientos de otros
y los míos propios;
pero de pensar un poco
presiento que lo mío es cierto.

Hay voces que desde lejos
se escuchan tan solo un tiempo;
palabras de la experiencia,
anuncios de nueva audiencia.

Quién

❋

¿Quién sostuvo la mano
de aquella niña apreciada
que quería ser princesa?
¿Quién guio las esperanza
cuando el camino estuvo incierto?
¿Quién unió las palabras
para decirlas a un solo tiempo?
¿Quién construyó castillos
en ideas alocadas
eligiendo ladrillo a ladrillo
de la noche a la alborada?

Hoy percibo silencio,
un recuerdo mudo y pienso;
hoy necesito una mano
que me escuche lo que siento,
transforme esperanzas rendidas,
susurre palabras bonitas
y construya conmigo el tiempo.

Viajero

❀

Viajero de caminos estampados,
de recuerdos tormentosos;
como brilla la distancia
adolorida de proposiciones
primorosas.

Traducciones simultáneas
de palabras apropiadas;
su momento y otro poco
abren paso a su silencio.

Deja que fluyan los deseos propios
de melodías encantadas;
y que escuche tu voz palpitante
plena de atrevimiento.

Deja que el tiempo atrape
el motivo y su premio;
libere culpas perdidas
y los convierta en sí, siento.

Corrientes de sueños galopantes
preparan las hojas perpetradas;
con ideas de esas y de otras
que se dicen entre dos que
se comprenden.

Vibraciones de siluetas rotas
señalando direcciones peligrosas;
manejo y presentimiento
previenen los desvíos presurosos.

Otras puertas y otros lares
abren ojos apareados,
rinden frutos en su reino
con su calma asimilada.

Luz llena

✺

Hoy luz llena de sensaciones,
vibraciones aladas
convertidas en sí;
múltiples sentidos diminutos
se atreven a todo
al tomar de la mano
y su aroma alelí.

Simples pasillos preciosos
invitan a un tono
a caminar junto a mí;
sigue los pasos plegados
a través del jardín.

Cosecha la fruta prendida
que ofrece en silencio
y hasta hoy aprendí;
recoge la semilla esparcida
en el mismo terreno
que me hiciste vivir.

Curiosidades, no del todo
dormidas
explotan de nuevo
ya queriendo existir.

Leo sin las manos atadas
diferentes lenguajes
que me hablan así;
pensamiento de mucha armonía
señalan partidos y todo lo vi.
Estrellas de grandes alcances
traducen sentidos
y me hablan de ti.

Tormenta

❀

Tormentosas palabras
lanzadas y recibidas
como dardos de fuego envenenados
provenientes de entrañas
adoloridas por el tiempo
y arrebatadas a otroras
sonrisas tiernas.

No importan los espacios
heridos;
no importa el sujeto impactado;
solo llamas ardientes
que tocan
al cercano, al que siente,
al temprano.

Un volcán con su magma
silente
esperando el momento oportuno
de rugir con toda su fuerza
hacia amplios terrenos desnudos.

Tras la calma atrapada
en su sino;
apreciadas historias fervientes;
pensamientos confusos y claros
aparece en respuesta
a su lado.

Abre pronto la compuerta,
escape y sentimiento;
no hay verdad en las palabras
que atraviesan la metralla.

Ojitos

✻

Ojitos cansados
de múltiples pasos pausados
que abrazan distancia
de todo un clamor.

Leo en líneas perfectas
que quieren a gritos
decir su sentir;
leo en palabras sencillas
el desencanto de un
mismo existir.

Pronuncio para convencerme
las letras robadas
al atardecer;
aprecio y reúno valores
de caras bonitas
a mi propio entender.

Descubro en toda su fuerza
los sueños de tiernos
abrazos en ti;
recuerdos de noches doradas,
aplausos sinceros
y al calor reviví.

No hay dudas:
el aire dormido
despierta con tu frenesí;
resalta la suerte exultante
vertida en la arena
de playas tendidas
que mucho entendí;
memoro tesoros distantes
que en el pensamiento
también se los di.

Buscaré tu nombre

✤

Busco una ciudad perdida
en el mapa de los recuerdos puros,
construida en la alternancia
de inocencia real y verdadera,
de locura cruda y provocada.

¿Hacia dónde va el camino?
pregunto mientras busco
en mi bolsillo las palabras
escritas al azar en
la búsqueda de un mismo
sentido.

¿Hacia dónde van los tiempos
empapados de esperanza,
cargados de nobleza
y obligados en silencio?

Quiero crear mares de alegría,
recursos a montones
y cubrirlo con rendimiento.
Debo dar pasos enormes
para que, más pronto que pronto,
alcance lo que yo siento.

Por siempre, por los caminos,
quien siembra y siembra
cosecha calma sobre los muros;
cuando encuentre el rumbo
sin trampas ni culpas rotas
rayaré las páginas muchas
con letras de altura poseída;
cantaré canciones bonitas
y buscaré tu nombre.

101 gritos del alma,
por Eduardo Radrigan
producida por la casa editorial CBH Books
(Massachusetts, Estados Unidos),
año 2015
Cualquier comentario sobre esta obra
o solicitud de permisos, puede escribir a:
Departamento de español
Cambridge BrickHouse, Inc.
60 Island Street
Lawrence, MA 01840
U.S.A.

www.ingramcontent.com/pod-product-compliance
Lightning Source LLC
Chambersburg PA
CBHW071553040426
42452CB00008B/1155